ERNEST HUPIN

SOUVENIRS

CHANTS & CHANSONS

1873

EN VENTE :

Chez Edmond SARASIN, libraire-éditeur,

27, Place de la Halle, Sedan

et au Cabinet des Juvénaliens,

10, Rue-Vanneau, Paris.

ERNEST HUPIN

SOUVENIRS

CHANTS & CHANSONS

1873

EN VENTE :

Chez Edmond SARASIN, libraire-éditeur,

27, Place de la Halle, Sedan

et au Cabinet des Juvénaliens,

40, Rue Vanneau, Paris.

A MON AMI

LÉON SÉCHÉ

PRÉFACE.

En feuilletant ce livre, écrit tout entier sous l'impression profonde de nos désastres d'hier, j'avoue que je ne puis me défendre d'un sentiment de satisfaction personnelle, en voyant que le cours d'esthétique que j'ai fait dans le *Juvénal* et dans la préface de mon *Dies Iræ du Mexique* a été suivi et mis en pratique par un de mes plus jeunes disciples.

Il est vrai que notre jeune poète a fait la campagne dernière, et servi comme mobile dans les rangs de notre malheureuse armée.

A défaut de leçons d'esthétique, la mémoire des choses endurées sur les champs de bataille ou dans les prisons de l'Allemagne eût suffi largement pour lui tracer son chemin.

Et puis enfin, noblesse oblige, on n'est pas de Sedan pour rien. Quand on a vu tomber à deux pas de sa maison, sous les murs de sa ville natale, le plus lâche des despotes que la France ait subis, on comprend que le cœur étouffe dans une jeune poitrine, que la colère monte à la gorge et se répande en cris de guerre et de malédictions.

Béni sois-tu, jeune homme, pour avoir senti qu'ayant été bon soldat, tu devais être bon poète et qu'après avoir défendu ton pays avec l'épée, il te restait à le défendre avec la plume.

C'est à nous, en effet, qui sommes dans le feu de l'adolescence, à nous que n'a point atteint la gangrène de l'empire, à nous qui pensions quand nos aînés s'amusaient, à nous qui, sortis à peine du collége, courions au champ de bataille, c'est à nous de montrer le chemin à ceux qui nous suivent dans la crise que nous traversons. Nous sommes à l'heure présente, en pleine révolution littéraire et politique; la vieille école prétend nous imposer ses doctrines et étouffer nos aspirations les plus légitimes en désintéressant l'art des grandes questions à l'ordre du jour. Répondons-lui qu'à toute société nouvelle il faut un soleil nouveau et qu'on ne fonde rien de durable avec des ruines.

M. Ernest Hupin a recueilli dans ce volume toutes ses impressions de la dernière guerre, et Dieu sait si elles sont variées ! Il a rassemblé dans un désordre pittoresque tous ces souvenirs amers et doux qu'on abandonne à son carnet dans une heure d'ennui et qu'on retrouve un an plus tard tout joyeux de se retrouver soi-même comme dans un miroir du passé.

Il y a de tout dans ce charmant volume. La satire s'y marie à l'élégie avec des airs de parenté qui font plaisir à voir. Certaines pages sont écrites avec un véritable bonheur d'expression; lisez par exemple cette ravissante bluette qui a nom : *à ma Terrasse !* Tout le cœur du jeune poète est enfermé là. Oui, c'est d'ici, du haut de ce petit belvédère que les yeux et l'esprit se reposaient, au soleil levant ou au soleil couchant, sur les tableaux enchantés de la nature ; c'est d'ici de cette fenêtre qui regarde la Marphée que notre ami recueillait quelques jours après la bataille, dans l'écho de chaque coup de canon, les derniers battements du cœur de la France ! Oh ! que de souvenirs épouvantables, enguirlandés pour ainsi dire avec les roses de la première jeunesse !

Dieu réservait une terrible école à la génération de vingt ans.

Entre toutes ces pièces fugitives, il en est une qui résume admirablement la manière de M. Ernest Hupin ; c'est un sonnet sur un portrait.

Dans une belle boîte à glace intérieure,
Boîte où sont renfermés mes trésors les plus doux :
Lettres de mes amis, billets de rendez-vous,
Son portrait m'apparaît. — Mon haleine l'effleure !

Il me semble la voir encor dans sa demeure ;
Lorsque assis auprès d'elle et frôlant ses genoux
Je l'entraînai vers moi. — Je sentis ses bijoux
Appuyés sur mon sein. — Elle dit : tout à l'heure.

O minute trop courte ! Instants délicieux !
Reviendrez-vous un jour nous réunir encore?
Et reverrai-je enfin la belle que j'adore ?

Son portrait, je le tiens, il est là sous mes yeux.
C'est son gage d'amour, son image fidèle:
Mais en le lui rendant, lui ressemblera-t-elle ?

N'est-ce pas que ce dernier vers est joli? Il y a tout un petit roman dans ce sonnet-là.

Il y a dans ce volume tout un chapelet de ces petits bijoux qui forment pour ainsi dire le cadre des pièces à longue haleine.

Ils avaient vingt ans! A l'Amateur d'oiseaux, A M. Germain P. Le Pont que j'aime, sont autant de fleurs délicieuses où court la rosée du matin.

On sent que le poète en écrivant ses strophes avait l'âme à de plus fortes pensées et que l'ombre noire du souvenir se profilait, en dépit de son imagination, sur ses créations les plus riantes.

Aussi le ton du livre est-il sévère et triste, non pas de cette tristesse qui dénote une âme abattue, mais de cette tristesse calme et digne qui se dégage comme un parfum de la philosophie même des choses.

Les Adieux à Coblentz, la Vengeance du Polonais, un Train de Prisonniers sont des morceaux d'un souffle vraiment lyrique. Les strophes du *Rhin* sont un pastiche assez réussi du *Rhin Allemand* de Musset, bien qu'elles n'aient pas la légèreté d'allure et la raillerie spirituelle du poète qu'on a surnommé avec malice Mlle Byron.

Un morceau qui m'a beaucoup plu c'est le chant des *Mobiles*. M. Ernest Hupin a bien fait de défendre contre la calomnie des prétoriens, ces pauvres jeunes gens chez qui le courage faisait oublier l'inexpérience et qui surent arracher plus d'une fois la victoire à l'ennemi.

On a été trop injuste envers nos *Moblots*. Si les hommes du métier peuvent leur reprocher certaines mutineries, en retour ils pourraient reprocher son incapacité à plus d'un.

Pauvre pays que le nôtre! on a fini par y perdre jusqu'au respect de soi. Au lieu d'accuser la force des choses, qui dans certaines circonstances n'est que trop visible, on s'en prend aux hommes. Mon Dieu! nous savons tous qu'il y a eu des lâches et des traîtres dans la dernière guerre, mais les plus coupables ne sont pas ceux que l'on croit, et de même que nos généraux n'ont pu combler par leur talent le vide de nos arsenaux, de même aussi notre brave armée, troupiers ou mobiles, ont dû céder par le nombre.

Je ne parlerai pas du style du livre; le poète est trop jeune pour marquer ses premières productions au coin de l'originalité. Qui pourrait au surplus se flatter d'être original, même avec un talent supérieur.

Nous voyons chaque jour surgir des noms nouveaux; tous ont leur manière de parler et d'écrire, mais ils ne sont pas originaux pour cela. Les talents vraiment originaux sont aussi rares que les génies. Dieu n'a pas donné à tous les oiseaux le gosier du rossignol et l'envergure de l'aigle. Contentons-nous donc du faible instrument, lyre ou mandoline, que Dieu nous a donné ; et ne nous inquiétons pas si le monde qui nous écoute a des chantres plus puissants que nous.

Qui que nous soyons, nous avons tous un rôle à remplir dans la sphère où nous habitons. Allons souvent causer avec les Dieux sur les cimes de l'idéal, si nous voulons enseigner la foule et ne faisons pas comme ces poètes païens qui s'inspiraient dans les vapeurs de l'orgie.

Souvenez-vous à cette heure où les rois s'en vont, que les poètes doivent être les pasteurs des peuples dont parle Homère, s'ils veulent être admis dans la République de Platon.

LÉON SÉCHÉ.

Paris, 1er Avril 1873.

À mes Amis.

Joyeux amis, voulez-vous que je fasse
Pour commencer ce chapitre ennuyant,
Ce qu'un auteur appelle sa préface
Et que parfois on ne lit qu'en baillant ?
Je le ferais si mes couplets moroses
D'être prônés avaient quelque raison,
Mais leur destin sera celui des roses
Et leur préface une simple chanson.

Pardonnez-moi, ces souvenirs trop sombres,
Ces chants glanés pendant de tristes mois,
Où l'horizon, plein de sinistres ombres,
Semblait avoir glacé le sang gaulois.
Ils reviendront ces instants pleins de charmes,
Printemps superbe, adorable saison ;
Où nous dirons, loin des tristes vacarmes,
Pour nous unir : ah ! vive une chanson !

Quand ces beaux jours naîtront pour la patrie,
Jours de bonheur, de gloire et de gaîté ;
Quand notre France, au lieu d'être meurtrie,
Reparaîtra belle de liberté ;
Nous chanterons alors jusqu'au délire,
L'esprit français aura fui sa prison,
Et les échos joyeux de chaque lyre
Nous rediront : ah ! vive une chanson !

Au Mont d'Haurs.

—

SOUVENIRS DE GIVET.

———

Te souvient-il ami, quand nous montions la garde
Sur les pics du mont d'Haurs, n'ayant pour tout manteau
Qu'une blouse légère et des croix dont je garde
Toujours le souvenir : ah ! quel joli tableau !

Au milieu du brouillard, le fusil sur l'épaule,
Ah ! que nous marquions bien sans tente, en faction,
Par le vent, par le froid, en vrai fils de la Gaule ;
Pas un ne se plaignait de la position.

Le bivouac parfois a des charmes sans nombre ;
A part le confortable on y peut trouver tout.
Le bois vert en brûlant étincelait dans l'ombre ;
Près du pâle foyer on se pressait partout.

Les blagues, les bons mots, les contes fantastiques
Pleuvaient comme la grêle et chassaient le repos ;
Quelques-uns d'entre nous, de leurs pas gymnastiques
Réveillaient les vieux forts et leurs sombres échos !

Quelques moblots pensifs songeaient à leur famille
Où les nuits s'écoulaient dans la tranquillité.
Mais jamais une plainte, et peut-être un sur mille
Des nôtres n'eut jamais paru l'air attristé.

Les heures se suivaient. La nuit, longue et brumeuse,
Nous semblait passer vite, et quand vers l'orient,
Le splendide soleil, de sa face amoureuse,
Venait nous caresser : quel bonjour souriant !

Chacun chantait joyeux, on fumait une pipe,
L'entrain était superbe et bientôt le piquet
Redescendait en ville, où toujours par principe,
On ne se quittait pas sans prendre son *péquet*.

Charlemont.

———

O ! vieux fort à l'air soucieux,
Que de fois nos regards avides,
En voulant contempler les cieux,
Rencontrèrent tes sombres rides.

Rien de gai dans tes lourds rochers,
Tout y respirait la tristesse.
Tes créneaux, tes murs haut perchés
Semblaient enchaîner l'allégresse.

Quand la Meuse, aux verdoyants flots,
Se teignait de flammes superbes ;
De tes casernes les moblots
Fuyaient les murailles acerbes.

De Givet les échos joyeux,
Les invitaient tous à descendre ;
La gaîté, les ris et les jeux,
Bientôt tout se faisait entendre.

Alors, on espérait encor,
Heureux, nous parlions de victoire !
Chacun vivait de bon accord,
Ne rêvant que bonheur et gloire !

La mélancolie et l'ennui
Forcément passaient en Belgique.
Et, longtemps même dans la nuit,
Quel concert brillant et magique !

De Givet jusque Charlemont,
Que d'échos bruyants ! Quel vacarme !
Le vieux fort déridait son front,
Ses murs ne jetaient plus l'alarme.

Quand les moblots en remontaient
La pente rapide et scabeuse,
Leurs chansons vers les cieux montaient
Fêter la voûte ténébreuse.

O ! Charlemont, depuis ce temps,
Que d'évènements pour la France :
Beaucoup des nôtres pour longtemps
De te voir n'ont plus l'espérance !

———

Un Amour en passant.

———

A mon Ami H. L.

———

Il faisait froid, quel temps ! on eût gelé sur place ;
La nature pleurait sous son manteau de glace,
La terre résonnait, — tout craquait sous nos pieds,
Mais l'étape était courte et nous voyions d'avance
Un bon feu pétillant, un doux lit, — quelle chance !
C'était un heureux jour pour de jeunes troupiers !

Enfin après avoir marché pendant quatre heures,
Nous étions arrivés. — Cette fois, pas de leurres !
Car bientôt un village apparut à nos yeux,
Son nom depuis longtemps a fui de ma mémoire,
Mais dans ton souvenir comme dans un grimoire,
Il restera toujours charmant et gracieux.

Les billets étaient prêts, et tous nous étions ivres
De joie et de plaisir, car aussitôt des vivres
Arrivèrent à point. — Chacun s'en fut à temps
Dépister son logis. — Le tien fut magnifique.
Une fille aux doux yeux, au front pur, angélique,
Te reçut sur la porte avec ses vieux parents.

La soupe t'attendait et fumait sur la table,
Ton appétit gourmait l'arôme délectable,
Tu te dis : quelle veine ! ah ! suis-je bien tombé
Parmi ces braves gens. L'accueil et les sourires
Pleuvaient de tous côtés, et la belle aux doux rires
Vint déboucler ton sac, de lourds effets, bombé.

Une heure après déjà tu faisais connaissance.
Il fait si doux, causer, — oh ! quelle jouissance,
Quand on est réuni près de l'âtre enflammé !
Quand on parle gaîment, et le cœur peu rebelle
Aux attraits enchanteurs d'une enfant blonde et belle
Qui gémit chaque jour après un bien-aimé !

Tu tombais à merveille et loin d'être insensible,
Ton cœur épris d'amour battait plus qu'à la cible,
Quelle douce soirée ! O bonheur sans pareil.
Jamais tu n'avais vu de filles plus affables !
Surtout quand sa voix pure entonnant quelques fables,
Te fit oublier l'heure et le lointain soleil !

Quand l'heure du repos sonna pour le village,
Quand la lune argentée offrit comme un sillage
Sur les étangs voisins, — chacun se dit : bonsoir !

Dans la chambre d'amis on alla te conduire.
La plume t'attendait. Tout devait te séduire
Sous ce toit où l'amour venait de naître un soir.

La nuit fut magnifique et ton rêve splendide,
O quel songe doré ! Quel horizon limpide,
Tu n'étais plus soldat, tu ne rêvais qu'amour,
Et quand, le lendemain, presque sous ta fenêtre,
Le rappel vint briser ton songe de bien-être,
Tu maudis le clairon et le bruyant tambour.

Quelques instants après, sac au dos, l'âme triste,
Tu soufflais dans tes doigts et plus qu'un pessimiste
Tu blâmais le réveil, le trop brusque départ,
Et quand le bataillon passant devant sa porte,
Tu revis sur le seuil la blonde fille accorte,
Tu l'embrassas deux fois, des pleurs dans le regard.

A LA VEILLÉE.

O quel superbe souvenir !
Fillette à la mine éveillée,
Nous avait priés de venir
Chez sa grand'mère à la veillée.
Le rouet bourdonnait sans fin
Sa chanson longue et monotone.
Auprès d'un poêle rouge enfin,
Nous oubliions les pleurs d'automne.

La lampe, au trop large abat-jour,
Eclairait à demi la chambre.
Nos ombres jouaient tour à tour
Sur les grands murs d'un jaune d'ambre.
Le vieux chat faisait son ron-ron
Sur les genoux de sa maîtresse.
Près de la belle assis en rond
Nous bannissions tous la tristesse.

Les histoires, les gais propos
Bientôt se succédaient sans cesse.

La vieille marquant son repos,
Nous racontait sur sa jeunesse :
Les mystères du bon vieux temps.
Contes et châteaux en Espagne,
Tout nous plaisait, ô quels instants,
Que la veillée à la campagne !

L'horloge, au tic-tac ennuyeux,
Marquait ses secondes égales ;
Le cri-cri de son chant joyeux
Semblait rappeler les cigales.
Le bonheur enchantait toujours
Et faisait vivre la chaumière.
Aussi, ne rêvant plus qu'aux beaux jours,
Chacun laissait l'humeur guerrière.

La jeune fille constamment
Nous regardait l'un après l'autre ;
L'un des nôtres sournoisement,
Lui souriait en bon apôtre.
Puis voisins, voisines bientôt
A la table aussi prenaient place,
Devant un excellent brûlot,
Qui de nos cœurs rompait la glace.

Enfin couplets, chansons, refrains,
Chacun galment soufflait la sienne :
La vieille applaudissait des mains,
Trouvant ça plus beau qu'une antienne.
Et quand il fallut se quitter,
On s'embrassa comme au village ;
Ce souvenir là dut rester
Dans plus d'un cœur même volage !

La Salle de Police.

―

CHANSON.

Pour les moblots la salle de police
Est vraiment loin d'une punition :
Rire, chanter, boire c'est l'exercice,
Et c'est souvent leur occupation.

    Chantons gais moblots,
    Fi de mélancolie,
    La gaîté, la folie,
    Agitent leurs grelots !

Le lit de camp n'est pas doux comme plume ;
Un sybarite en maudissant le sort ,
Au lieu de rose y sentirait la brume,
Que toujours Jule exhale par trop fort.

Lorsque l'ennui vous trotte par la tête,
Pour le chasser on dit au cantinier :
Apporte vite un litre de piquette
Et payons-nous de ce vin de troupier.

Pour se distraire on fait des cigarettes
En racontant ses amours d'autrefois ;
Sur les murs blancs on trace des *binettes*
Dont Bocquillon offre le plus beau choix.

Lorsque Dodolphe, en joyeux philosophe,
Chante : Lisette ou bien Roger-Bontemps ;
Doués toujours d'une joyeuse étoffe,
Nous répondons tous pour tuer le temps.

Tous les moblots dédaignent la tristesse.
Partout, toujours, ils sèment la gaîté ;
Huit jours de clou n'ôtent pas l'allégresse
Dont chacun d'eux paraît être doté.

Girel, 1870.

Gloire aux Moblots !

CHANSON.

Par trop longtemps le fouet de la satire
Sur les moblots déchaîne sa fureur ;
On ne sait pas vraiment qui leur attire
Tout ce dédain plein de morgue et d'aigreur,
Je viens chanter tous ces fils de Bellone,
Jeunes soldats, qui firent des héros,
Et puissions-nous dire, à qui les talonne,
Pour les venger : Gloire, honneur aux moblots !

Très-mal armés de l'humble tabatière,
Manquant de tout ce qu'il faut au soldat,
Combien de fois leur bravoure guerrière,
Devant la force enfin seule céda... !
D'un vil mépris, la calomnie abonde,
Elle a bavé sur nous ses vilains flots ;
Or pour calmer sa verve furibonde,
Répétons tous : Gloire, honneur aux moblots !

La lâcheté n'est pas dans l'uniforme :
Soldats capons le seront constamment ;
Nos frères morts étaient-ils pour la forme
Quand ils luttaient et tombaient bravement ?
Interrogez les plaines de la Loire,
Les champs du Nord, — vastes champs de repos ?
Et Saint-Quentin — jours gravés dans l'histoire ;
Tout vous dira : Gloire, honneur aux moblots !

Quand des Prussiens la horde menaçante,
Jetait sur nous ses bataillons épais ;
Que pouvait donc notre armée impuissante,
Luttant toujours et rejetant la paix ?
Aux vieux soldats, aux jeunes volontaires,
Demandez, tous, si nous tournions le dos,
Quand on était un pour quatre adversaires ?
Ils vous diront : Gloire, honneur aux moblots !

Nous n'avions pas deux congés sur la tête
Pour affronter le feu gaillardement.
Car sans mentir, oui ce baptême embête ;
Et quel conscrit le reçoit ardemment ?
Pour débuter sur le champ de bataille,
Quel dur métier, surtout sans chassepots !
Lorsqu'en tous sens, le plomb siffle et vous taille ;
Qui ne dira : Gloire, honneur aux moblots !

Souvenir du 19 Janvier 1871.

I.

Ce fut à Saint-Quentin, jour funeste et terrible !
    Où Faidherbe vit déjouer
Sa brillante défense, où l'armée invincible,
    Alors ne pouvant plus trouer,
Dut périr noblement en luttant avec rage,
    Contre les épais bataillons,
Que Menteuffel massait sur le même parage.
    La mort ouvrit ses noirs sillons !
Les balles, les obus, le plomb et la mitraille,
    Tout vint se mêler au concert
Rude, sinistre, affreux — et le champ de bataille
    N'offrit plus un seul point désert.

On se battait partout: dans les bois, dans la plaine,
    Le ciel semblait rouge et sanglant;
L'atmosphère enfumée embrasait notre haleine
    De son souffle par trop brûlant.
Le plomb sifflait dans l'air aussi dru que la grêle,
    Sur nos soldats aux airs railleurs ;
La mort, hideux fantôme, accourait, laide et frêle,
    Faucher nos braves tirailleurs.

Les échos répétaient la vive fusillade,
    Le sol ébranlé frémissait !
Tout tremblait sous nos pieds. O quelle canonnade !
    Et quel vacarme s'entendait !

Au milieu du combat nos lignes retenues
    Attendaient l'ordre d'opérer.
Les obus larmoyants se croisaient dans les nues,
    Menaçant de nous massacrer.
Des hulans enhardis, en éclaireurs habiles,
    Caracolaient de tous côtés.
Nous attendions toujours sur les rangs, immobiles
    Le cœur et l'esprit agités.
Enfin, l'ordre arriva : « Tous à la baïonnette !
    « Amis, sur le bois, en avant ! »
Tels furent les seuls mots qu'une voix forte et nette
    Prononça pour donner l'élan.

II.

Quelques instants après, le bois inabordable
    N'était plus qu'un enfer,
Les Prussiens l'occupaient et leur masse insondable
    Montait comme la mer.
Cris navrants et soupirs, adieux, plaintes dernières,
    Lied affreux du mourant !
Se mêlaient aux hourras que des voix sanguinaires
    Prononçaient en jurant.
Les blessés se roulaient dans une boue horrible
    Qui formait leur linceul.
Nos yeux se détournaient de ce tableau terrible;
    On pensait à soi seul !....

Ne pouvant avancer, nous tirions sans relâche,
    Derrière des fumiers,
A plat ventre, étendus dans une immonde flache,
    Dans de sales bourbiers.
Déjà sur tous les points on battait en retraite,
    Et nous voyions de près
Le triste dénoûment, la fatale défaite,
    Et ses sanglants apprêts.
La déroute gagnait quelques rangs de l'armée,
    On fuyait au plus fort.
En vain la compagnie à son poste alarmée
    Attendait du renfort !

L'ennemi furieux, de sa masse écrasante,
    Allait nous entourer ;
Sans soutien, sans abri, notre ligne impuissante
    Ne pouvait pas durer.
Indescriptible instant ! O minute navrante !
    Où la vie et la mort,
S'enchaînaient dans leur course insensée, enivrante ;
    Disputant notre sort.

Un de nos compagnons, un ami d'escouade,
    Expirait près de nous !
Par un dernier effort, ce brave camarade
    Se traînait à genoux.
Il nous appelait tous, la voix pleine de larmes ;
    Son sang coulait par flots.
Mais le canon brutal et le bruit de nos armes
    Couvraient tous ses sanglots !
« Amis ! enlevez-moi, disait sa voix éteinte,
    Ne m'abandonnez pas ! »

Nous ne l'entendions plus! La compagnie atteinte
    S'enfuyait à grands pas !...

Ce ne fut qu'un prélude, et lorsque la nuit sombre
    Offrit son fantasque décor,
L'incendie éclairait tous nos soldats dans l'ombre,
    On se battait encor !

Rêve d'un Prisonnier.

SOUVENIRS DE PRUSSE.

CHANSON.

Quant le soleil s'enfuit à l'horizon
Et partout jette un reflet magnifique ;
Le prisonnier, assis sur le gazon,
Attend la nuit, sombre et mélancolique.
Son regard suit ce spectacle enchanteur ;
Les souvenirs désolés de l'enfance
Viennent par mille inonder tout son cœur :
    Il ne rêve plus qu'à la France !

Plus le tableau devient illuminé,
Plus le couchant prend un aspect féerique,
Plus son esprit, heureux et dominé,
Doucement vole au rêve chimérique.
Pour quelque temps, les maux qu'il a soufferts
Sont oubliés. — Un rayon d'espérance
Rejette au loin l'esclavage et ses fers ;
    Il ne rêve plus qu'à la France !

La liberté, comme un phare éclatant,
Brille partout belle et resplendissante,

Et chasse au loin le servage irritant ;
O doux mirage ! illusion puissante !
Parents, amis, bonheur, affections,
Au prisonnier tout offre jouissance ;
Tout lui sourit : quelles émotions !
    Il ne rêve plus qu'à la France !

Dans sa famille il reparaît joyeux,
Il revoit tout : la maison paternelle,
Ses vieux parents, sa maîtresse aux doux yeux,
Et les beaux jours passés près de la belle.
Ses vieux amis, accourus de partout
Pour célébrer enfin sa délivrance.
Ce doux penser lui fait oublier tout ;
    Il ne rêve plus qu'à la France !

Mais de la nuit le voile épais et noir
Tombe et s'étale en longs plis sur la terre.
Tout se ternit, s'efface, — ô désespoir !
Le camp, les forts s'emplissent de mystère.
Le prisonnier remis de sa torpeur,
Voit s'engloutir, dans l'ombre qui balance,
Son joli rêve éclos au fond du cœur ;
    Il pleure en pensant à la France !

Dans sa baraque, il rentre tristement ;
Mais chacun rit, chante avec allégresse,
Car du départ on parle abondamment ;
Et la gaîté chasse au loin la tristesse.
Amis, demain ! pour tous la liberté !
Disent des voix avec pleine assurance,
Et le rêveur un peu reconforté
    S'endort en pensant à la France !

Coblentz, 1871.

Au vieux Rhin Allemand !

CHANSON.

Fleuve superbe, oui je t'aime,
Tes souvenirs sont si jolis.
Malgré l'éclatant diadème
Dont tes flots sont trop éblouis ;
Malgré l'étendard qui couronne
Tes rives aux charmants attraits ;
Et malgré le canon qui tonne,
Vieux Rhin ! vieux Rhin ! tu fus français !

Ces rochers qui forment tes rives,
Et ces vignes que le soleil
Orne des couleurs les plus vives ;
L'été, — quel aspect sans pareil !
Et ces vieux châteaux qui se mirent
Dans tes flots, aux mille reflets,
Il en sort des voix qui soupirent :
Vieux Rhin ! vieux Rhin ! tu fus français !

Au milieu de tes eaux rapides,
Que j'aime à voir ces beaux îlots,
Où viennent se briser les rides
Des grands et majestueux flots.
Là, revit Musset le poëte,

Ses jolis vers, mille succès
Me font dire en levant la tête :
Vieux Rhin ! vieux Rhin ! tu fus français !

Dans tes eaux plus vertes que l'herbe
Notre nom s'est miré longtemps.
Vieille Coblentz, — cité superbe,
Te souvient-il bien de ce temps ?
De ce temps, où l'Europe entière
Pliait sous le terrible faix,
D'une main puissante et guerrière !
Vieux Rhin ! vieux Rhin ! tu fus français !

Joli fleuve.... Enfant de la Suisse,
Eclos près de la liberté,
Viens-tu rompre l'affreux supplice,
Que nous avons trop supporté ?
Viens-tu verser l'indépendance ?
Ou nous annonces-tu la paix ?
Tu fuis semblable à l'espérance.
Vieux Rhin ! vieux Rhin ! tu fus français !

Malgré Schiller, Becker et Gœthe,
Et tous les auteurs allemands,
Malgré le Borusse et sa meute,
O fleuve accompagne nos chants !
Car nous tous que des fers meurtrissent,
Nous, victimes de noirs forfaits,
Nous disons quand tes flots mugissent :
Vieux Rhin ! vieux Rhin ! tu fus français !

Coblentz, 1871.

ʻO LIBERTÉ !

———

O liberté, quand viendras-tu nous rendre
Cette gaîté si chère aux cœurs français ?
Quand viendras-tu de tous côtés répandre,
Le vrai bonheur objet de nos souhaits ?
Nous souffrons trop de ce dur esclavage,
Que de longs mois nous avons supporté.
Viens rompre ici le plus affreux servage,
    O reviens vite, ô douce liberté !

Fais que bientôt nous revoyions la France,
Notre pays libre de tous tourments.
Là nous viendrons sceller cette alliance
Qui nous rendra toujours indépendants.
Heureux ce jour où dans notre famille
Nous goûterons joie et félicité,
Auprès d'amis, loin de la Prusse hostile,
    O reviens vite, ô douce liberté !

Sans liberté le français ne peut vivre,
Pour lui c'est tout, — c'est plus qu'un élément !
Heureux ce jour où nous pourrons la suivre,
Et fuir au loin le vieux Rhin allemand.
O jour sublime ! où saluant la France,
Nous goûterons ce repos souhaité
Et trinquerons à notre délivrance,
    En répétant : vive la liberté !

Coblentz, 1871.

A mon Ami Augustin POLLET.

CHANSON.

LA LYRE PRISONNIÈRE.

Vous souvient-il ami quand nous rêvions ensemble
Au camp de Pétersberg, sous les murs de Coblentz ?
N'ayant pour tous plaisirs, quand j'y pense, j'en tremble,
Que de traîner toujours nos longs pas nonchalants.
Rien ne nous souriait, pas une joie intime
Ne venait dilater notre froide raison.
Nous cherchions, mais en vain, la fugitive rime
Qui chantait en fuyant vers le sombre horizon

Hélas sans liberté pauvre lyre divague ;
Où sont les doux accents, tes mélodieux sons ?
Tu frémis, on dirait la mugissante vague
Qui repousse partout chants joyeux et chansons !

Notre regard avide au loin sondait l'espace,
Notre cœur irrité se fermait sous les fers ;
O quel affreux aspect quand le corbeau rapace
Croassait près de nous en déchirant les airs.

En vain la solitude et sa douce harmonie ;
La nuit belle d'attraits et de brillants décors ;
Rien, rien pour secouer la fatale insomnie,
Nous étions accablés par ces tristes accords.

Sous les toits enfumés des cantines bruyantes,
Quand le vin blanc coulait dans nos verres dorés,
Quand chacun se livrait aux boissons enivrantes ;
Nous voyions s'éclipser des moments abhorrés ;
Nous souriions parfois, et notre esprit fébrile
Bientôt s'illuminait de superbes lueurs,
Mirage éblouissant comme un rêve où tout brille,
Voile qui nous cachait ce refrain plein de pleurs.

Et quand nous rentrions dans nos baraques pleines
De prisonniers chantant, causant, riant entr'eux ;
Que de types charmants, que de nouvelles scènes,
Egayaient chaque soir jusqu'aux coins ténébreux !
Notre mélancolie alors demandait trève,
L'éclat, le bruit semblait l'avoir vaincue enfin,
Et l'heure du sommeil nous invitant au rêve,
Nous voyait oublier le plus amer destin.

Ami de ce temps-là douze mois nous séparent ;
Février réjoui, verse dans notre cœur
Ces beaux rayons naissants, qui déjà nous préparent
Les longs mois émaillés où l'amour est vainqueur.
Amis ! buvons alors, buvons à l'assurance,
De voir dans l'avenir saluer nos succès,
Et si l'on nous revoit un jour loin de la France,
Nous ne chanterons plus aux prisonniers français.

ᴬDIEUX A ᴄOBLENTZ.

CHANSON.

Adieu Coblentz, adieu Rhin et Moselle !
Ehrenbreitstein, ô fort trop orgueilleux !
Camp plein de boue, où l'ennui nous harcelle ;
Vilains corbeaux qui noircissez les cieux !
Adieu prison, baraque détestable,
Colle et pain noir — Mets excellents et doux !
Le cœur léger nous quittons cette table ;
Car le train siffle et s'ébranle pour nous !

Adieu langage irritant, dur et rude ;
Et vous Germains, barbus, sombres, rêveurs.
Adieu vin blanc, qui fait rougir la prude,
Toi seul chassait nos chagrins et nos pleurs.
Bientôt : Bordeaux, Aï, rouge Bourgogne,
Feront gaîment flageoler nos genoux ;
Nous te fuyons, ô germaine Sologne !
Car le train siffle et s'ébranle pour nous !

Tes cheveux d'or, ô blondine allemande,
Tes beaux yeux bleus nous ont trop fait rêver ;
Dans ta cantine où toujours l'on marchande,
Presque à poids d'or, l'achat d'un seul baiser !
La liberté, l'amour vont nous conduire
Vers notre France où l'on nous attend tous ;
Fille du Rhin ne peut plus nous séduire,
Quand le train siffle et s'ébranle pour nous.

Non, non, jamais, poétique Allemagne,
Ton souvenir ne quittera nos cœurs.
Que de français, beau pays de Cocagne,
Te reverront, mais alors en vainqueurs.
Adieu cité que la vieille noblesse
Connut longtemps à l'abri du courroux ;
Nous te fuyons — l'esclavage nous blesse !
Quand le train siffle et s'ébranle pour nous.

A Augustin POLLET.

—

Notre Retour en France !

——

La nature fuyait sublime de mystère,
Sa robe virginale éblouissait la terre
    De ses vives couleurs.
Monts, ruisseaux et rochers, tout semblait dans l'espace
S'enfuir et s'enchaîner, laissant partout la trace
    De reflets enchanteurs.

Le train nous emportait vers notre chère France !
Ce pays désiré, notre seule espérance.
    Tout semblait radieux.
Tout venait nous sourire et le soleil superbe,
Illuminait partout jusqu'au simple brin d'herbe ;
    Tout brillait à nos yeux.

Le vieux Rhin allemand, ce fleuve des légendes,
Déroulait à nos pieds ses vagues parfois grandes,
    Ses beaux flots toujours verts ;
Leur murmure joyeux, parfois mélancolique,
Nous berçait mollement de cet air bucolique
    Qui vaut tous les concerts.

Et ses nombreux castels, ruines chancelantes ;
Ces nids d'aigle perchés sur des roches tremblantes,
      Vestiges féodaux,
Notre regard avide en sondait jusqu'au lierre,
Qui semblait retenir la lourde et sombre pierre
      Dominant les coteaux.

Partout sur le silex les échalas en ligne
Attendaient les sarments des jolis ceps de vigne
      Et leurs précieux faix.
Au pied de ces trésors, des maisons pittoresques
Laissaient voir leurs grands toits aux formes trop tudesques,
      Aux solides étais.

Que nous étions heureux ! ô quel charmant voyage !
Bonheur, joie et gaîté couvraient chaque visage,
      Partout régnait l'entrain.
Chacun voyait déjà : ses parents, sa famille ;
Les couplets, les chansons étaient poussés par mille,
      Ce n'était qu'un refrain.

La douce liberté voulait nous apparaître ;
Ses superbes rayons pour nous allaient renaître,
      Mais avec plus d'ardeur.
Ce n'était plus alors un vain mot, une feinte,
L'esclavage fuyait. — Plus de cruelle étreinte,
      De lourds fers, de torpeur !

Plus d'ennui, de tristesse et plus d'heures amères!
Comme un rêve ennuyeux, s'éclipsaient nos misères,
      L'exil trouvé si long.
L'air de la liberté nous rendait à la vie,

Cet air puissant et pur soufflait de la patrie,
   Pareil à l'aquilon.

La nature changeait. Aux arides montagnes
Succédaient en tous sens les plus riches campagnes ;
   Les prés, les bois en fleurs.
La Prusse s'éloignait ; notre pauvre Lorraine
Offrait autour de nous comme une immense plaine,
   Aux suaves senteurs.

Mais hélas ! quelquefois au milieu de ces terres,
Un tertre apparaissait, où nos malheureux frères
   Dormaient depuis longtemps.
Quelques croix et débris de couronnes fanées,
Semblaient des stations où les âmes peinées
   Pleuraient quelques instants.

Le train fuyait toujours ; à ces tristes parages
Succédaient en tous sens les plus coquets villages
   De jardins enrichis.
Tout annonçait déjà la culture française,
Pour nous qu'il était doux de respirer à l'aise
   Les parfums du pays.

Que nous étions heureux de saluer la France,
Après avoir souffert un joug plein d'arrogance,
   O quelle heure sans prix !
C'était un beau dimanche, ô jour ineffaçable !
Tu resteras pour nous à jamais mémorable
   Dans nos cœurs attendris !

A M. Théodore KARCHER.

———

LES TOMBEAUX DU 1er SEPTEMBRE.

———

CHANT.

———

Rendons hommage à ces pauvres victimes,
Héros obscurs tombés en combattant ;
O vil César, du dernier de tes crimes,
Le souvenir est là tout palpitant.

Couvrons de fleurs, couronnons d'immortelles ;
Tous ces tombeaux et ces tertres sacrés ;
Parons leurs croix de crêpes, de dentelles,
Rendons honneur à nos braves pleurés.

Premier septembre, affreux anniversaire,
Partout le deuil plane sur nos maisons.
Prés, bois, sentiers, — tout semble un ossuaire
Immense et sombre au milieu des moissons.

O jour fatal, jour à jamais célèbre,
Jour de regrets, jour d'atroces douleurs ;
Ton horizon porte un voile funèbre,
Comme celui des épouses en pleurs.

Sur tout Sedan un lugubre silence
Attriste encor le tableau déchirant.
Tout pèse hélas sur cette somnolence,
Où chaque esprit s'exalte délirant.

De tous côtés : de sanglantes épaves,
Des flots de sang, des débris pleins d'horreur
Nous disent trop où sont tombés les braves
Sacrifiés par le lâche empereur.

De nos soldats, puissions-nous voir les mânes,
Et les bénir d'un concert fraternel ;
Là-haut, dit-on, des anges mélomanes
Sauront charmer leur exil éternel.

Mais un grand jour, au réveil de la France,
Sur leurs tombeaux, déposant nos lauriers,
Nous chanterons l'hymne à la délivrance,
Et les exploits de nos jeunes guerriers.

Plus de tyran, de traître Bonaparte !
Plus de Bazaine et de vils généraux !
La France alors comme l'antique Sparte
Pourra compter fièrement ses héros.

La liberté, de sa vive lumière,
Viendra partout inonder nos foyers ;

Les nations, dans leur ardeur première,
La béniront de leurs chants familiers !

Des conquérants nous briserons l'épée
Avec leur char de guerre étincelant ;
Le despotisme et sa gloire usurpée
S'éclipseront dans un rayon sanglant.

Pleurons, pleurons, soldats, nos frères d'armes
Morts vaillamment tout autour de nos murs ;
Enfants versez vos plus sincères larmes,
Vous, dont les mains et le cœur sont si purs !

Couvrons de fleurs ! couronnons d'immortelles !
Tous ces tombeaux et ces tertres sacrés ;
Parons leurs croix, de crêpes, de dentelles.
Rendons honneur à nos braves pleurés.

1er *Septembre 1871.*

Dans les Ruines !

O ! que la neige est triste au milieu des ruines,
Sur ces murs calcinés où dorment les fouines ;
O désolation ! tout pleure et tout gémit.
Sous la brise qui siffle en tout sens, on frémit.
C'est comme un long murmure aux notes sans pareilles ;
Un concert lamentable environne Bazeilles.
On dirait que les morts quittent leurs froids tombeaux,
Ensevelis encor de nobles oripeaux,
Pour jeter dans les airs le cri de la vengeance.
O quel tableau pénible au seuil de l'indigence !
Pas un pas sur le sol ne brise le verglas ;
Chacun à son logis demeure triste et las.
De pauvres habitants, des familles nombreuses
Tremblent dans leurs maisons aux murailles poreuses,
Aux toits mal recouverts, aux planchers trop nouveaux.
Voyez ces pauvres gens à travers ces rideaux,
A travers ces dessins que la nature froide,
Se plaît à figurer, de sa main lourde et roide,
Sur la vitre glacée. — O décor hyémal !
Aux sensibles passants, que ton aspect fait mal !
Près du poêle serrés des enfants et leur père
Parlent à demi-voix des choses qu'on espère :

Des secours généreux et de l'indemnité !
Que d'entretiens amers dans cette intimité !
Chacun parle à son aise et de mille espérances
Se berce, car l'espoir ce sont les jouissances
De l'être malheureux. — La mère moins avide
Promène lentement son regard dans le vide,
Et voit tout ce qui manque. — Elle trouve trop bas
Le lit de ses enfants, — misérable grabas !
Mais songeant aux voisins qui couchent dans la cave,
Elle se croit heureuse et quitte son air grave.
Elle voit dans un coin, le gagne-pain du jour,
Le métier à tisser qui ne fait pas séjour,
Et qui chaque matin dans la chambre muette,
Fait entendre au réveil le chant de la navette.
Pauvre mère ! ton cœur sublime et courageux
Semble faire oublier les moments orageux,
Les douleurs, les tourments de la guerre fatale.
Tes enfants sont heureux, quand ton visage pâle
S'illumine parfois d'un rayon de bonheur,
Tous les bruits du dehors, sombres et pleins d'horreur,
Passent inentendus ; — et pour une soirée
De choses qui font mal leur âme est délivrée.

LES DEUX OMBRES.

BALLADE.

La nuit silencieuse attachait aux nuages
Sa robe aux plis traînants, aux longs bords veloutés,
La nature en dormant ne semblait que mirages ;
Tout brillait tout-à-coup sur mes pas déroutés.
J'avançais lentement, comme peut une vieille,
En revenant le soir par les sentiers déserts,
Quand près de ces tombeaux, où jamais on ne veille,
Deux ombres devant moi surgirent dans les airs.

    Voilà ce que nous dit la vieille mendiante
        Aux terribles visions,
    Elle contait si bien, — cette voix larmoyante,
        Que tous nous en frémissions.

« O lions des combats ! ô martyrs des batailles !
Qui vous faisait sortir de vos tombeaux sanglants ?
Sur le sol encor chaud du jour des funérailles,
Qui donc vous appelait au séjour des vivants ?

Bientôt tout me le dit : leurs deux voix sépulcrales
M'apprirent que l'un d'eux était jeune turco,
L'autre allemand, pour qui les sombres cathédrales
D'outre-Rhin ne jetaient pas leur lugubre écho.

Aux despotes, aux rois, aux guerriers tyraniques,
Leurs deux voix répétaient : « Lâches soyez maudits,
« Vous qui sacrifiez à vos projets iniques,
« Des peuples que vous seuls avez abâtardis.
« Entendez-vous ces pleurs, ces plaintes que nos mères
« Poussent en attendant leurs enfants massacrés !
« Nous étions ennemis — la tombe nous rend frères,
« Lâches ! que vos lauriers partout soient exécrés !

Tous deux pleins de fureur, dans la lutte terrible,
Étaient tombés mourants l'un par l'autre blessé.
Quand la mort les unit — sa longue faux horrible
Les coucha corps à corps, l'un sur l'autre affaissé.
Leurs blessures encore apparaissaient béantes,
Comme au premier septembre où s'ouvrit leur tombeau.
Et la lune, aux couleurs blafardes et mourantes,
Sur ces spectres hideux, promenait son flambeau.

Puis d'invisibles luths, quelques harpes divines,
Aux échos infinis, aux accords enivrants,
Vers les vieux saules morts, par dessus les ravines,
Chassèrent les esprits, les fantômes errants.
Et seule je restais, au milieu des ténèbres,
Pour maudire les grands, la guerre et ses abus.
Mais je ne fuyais pas ces parages funèbres,
Sans pleurer ces héros que l'on n'y verra plus.... •

Sur les Ruines du Chateau de Turenne.

Après la Bataille.

O château de Turenne ; ô ruines sacrées ;
O monceaux de débris, qu'un jour plein de terreur
A formé sans pitié dans son cours destructeur ;
O vieux murs chancelants, murailles délabrées,

Le lierre, le sureau, de leurs branches serrées,
Vous enlacent partout d'un tissu protecteur
Qui voltige et frémit quand le vent en fureur
Fait vibrer les échos des voûtes effondrées.

Plus d'ardoises aux toits, tout est nu, triste et noir,
Le clocheton, au loin, ne montre plus ses flèches ;
La tour comme les murs offrent de larges brèches.

Sous les arceaux tremblants le regard cherche à voir,
Un pieux souvenir, un vestige historique ;
Mais des débris fumants masquent le seuil rustique.

LES DRAPEAUX BLANCS DU 1er SEPTEMBRE.

———

Des gardes-citoyens attendaient à leur pièce
  Des ordres qui n'... ivaient pas ;
Les obus décrivaient sur la ville en détresse
  Leurs grands arcs tracés au compas.
Le vieux château tremblait sur ses tristes assises ;
  Murailles, bastions et forts
Sous le feu des canons baissaient leurs têtes grises,
  Après d'inutiles efforts.
Le soleil enflammait de ses rayons superbes
  Les casques, les armes au loin;
Bois, plaines, champs dorés, tout pétillait, -- des gerbes
  De feu partaient de chaque coin.
Les rudes hallalis, les sinistres vacarmes
  Couvraient clairons, caisses, tambours !
Les lourds canons grondaient; des voix pleines de larmes
  Répondaient à leurs longs coups sourds.
La rage était partout, dans l'épaisse mêlée,
  La poudre avec l'odeur du sang
Suffoquaient nos soldats. — L'atmosphère ébranlée
  N'était qu'un cercle incandescent !

Cuirassiers et chasseurs, dans d'immortelles charges,
    Allaient grossir les tas de morts;
Leurs coursiers éventrés, dans les ravines larges
    Tombaient sous l'étreinte du mors.
Des héros par milliers jonchaient le sol horrible,
    La tête exposée au soleil.
La mort allait partout calme, froide, irascible.
    Tournoyant son long fer vermeil.
La nature semblait consternée et meurtrie,
    Mais rien n'arrêtait nos soldats!
Honneur, drapeau, courage, amour de la patrie,
    Conduisaient leurs vigoureux bras;
Ils marchaient sans leur chef, le César incapable
    De terminer son Waterloo!
Que faisait dans Sedan cet ignoble coupable,
    Y poussait-il même un sanglot?

Et vous, braves soldats, poussés dans la retraite
    Vers les murs, ces mornes écueils,
Vous veniez vous heurter, victimes de la traite,
    Aux caissons, sublimes cercueils!
Vous rouliez dans l'abîme avec les projectiles
    Qui vous frappaient de tous côtés.
O lions des combats, vos efforts inutiles,
    Et cependant si redoutés
Etonnaient l'ennemi supérieur en forces!
    N'étiez-vous pas un contre dix?
Et vous luttiez, hélas! quand le dernier des corses
    Songeait à vendre son pays;
Quand un drapeau flottait au-dessus de vos têtes
    Insultant tous vos chassepots.
Que vous deviez souffrir, ô généreux athlètes!
    Quand votre voix criait ces mots:

« Non, non, pas de drapeau, nous ne voulons nous rendre ! »
  Et de vos fusils des éclairs,
S'élançaient vers le guide auquel on faisait tendre
  Un vilain mouchoir dans les airs !
Les pièces de vingt-quatre, au château de Turenne,
  Ébranlaient par un dernier coup
Les échos effrayants de la vaste Garenne,
  Où tous les morts restaient debout !

Trois heures lentement grinçaient à la paroisse,
  Comme le combat s'apaisait.
Sedan terrifié secouait son angoisse,
  La Marphée enfin se taisait.
Ses canons, noirs de poudre, aux bouches effrayantes,
  Fumaient toujours, prêts à vomir !
Instants cruels, ô trève aux minutes navrantes !
  Partout on entendait gémir.
Et César annonçait à son glorieux frère
  Son infâme reddition.
Les drapeaux blancs flottaient sur ce bouillant cratère
  Où pleurs et désolation
Se mêlaient aux hourras, aux longs cris de victoire,
  Que nos aveugles ennemis
Poussaient en s'enivrant, oubliant que l'histoire
  Leur jetait son fatal mépris.
Et nos soldats honteux d'une telle défaite,
  Criaient tous à la trahison,
Les yeux sur le château qui portait sur son faîte,
  Le signe de la livraison !

Soyons Soldats.

———

Sous le drapeau de notre égalité
La loi du sang se doit en République,
Saluons-la pour notre liberté !
C'est un devoir que la loi nous applique,
C'est une dette, il faut avec bonheur
S'en acquitter, quand partout on s'écrie :
En citoyens, servir c'est un honneur,
Soyons soldats ! soyons à la patrie !

Oui, du pays soyons les serviteurs,
Fi des peureux et d'indigne réforme !
Que la fortune et tous ses protecteurs
N'empêchent plus de porter l'uniforme !
Devant la loi que demande chacun,
N'oublions pas notre France amoindrie,
Pour qu'au grand jour tous nous ne fassions qu'un,
Soyons soldats ! soyons à la patrie !

Enfants du peuple, ou riches et bourgeois,
Pour cet élan que chacun se révèle,
Que tous les bras s'élancent à la fois
Pour applaudir à cette loi nouvelle.

Tous les Français sont égaux à vingt ans ;
Fi d'égoïsme et plus de coterie
Dans cette armée où grossiront nos rangs.
Soyons soldats ! soyons à la patrie !

Partout alors nos frères écoliers
De leurs aînés voudront suivre les traces ;
Ils se feront soldats, nos bacheliers,
Heureux et fiers de ne céder leurs places,
Et, nos héros — ces géants morts pour nous
En défendant la frontière envahie,
Pour les venger, nous répéterons tous:
« Soyez soldats ! soyez à la patrie !

Plus d'utopie aux fatales erreurs !
La guerre, hélas ! en est preuve terrible.
Des alliés ou des médiateurs
Sont-ils venus durant l'année horrible ?
Avons-nous vu tous les peuples frémir
Quand succombait notre France meurtrie ?
Souvenons-nous et, pour nous affermir,
Soyons soldats ! soyons à la patrie !

Qui lavera de ce règne honteux
L'ignoble tache et le commerce immonde ?
Qui nous rendra ce peuple généreux
Qui fut longtemps le peuple-roi du monde ?
France héroïque et vieille nation
Tu renaîtras, ô toi qu'on a flétrie,
Et pour cela, vive l'instruction !
Ames et cœurs, soyons à la patrie !

CHANT DES PROSCRITS.

———

Fuyons amis, notre pauvre patrie,
Son sol foulé par d'ignobles tyrans.
Fuyons, fuyons notre Alsace flétrie,
Ne souffrons plus ses longs cris déchirants.
La France encore est grande et généreuse,
L'Afrique attend nos plus braves colons ;
L'armée aussi, sublime et valeureuse,
Va nous offrir ses nombreux bataillons.

    Plutôt mourir que d'être esclaves,
    Amis, la France nous attend.
    Ne supportons jamais d'entraves,
    Notre drapeau nous le défend.

Abandonnons nos cités ouvrières,
Tous nos foyers tristes, épouvantés ;
Déjà la Prusse, aux mains trop meurtrières,
Veut nous charger de fers ensanglantés.
Fuyons amis, pour nous le clairon sonne,
C'est le départ des Alsaciens proscrits ;
La liberté seule en France rayonne
Pour la défendre allons, marchons, conscrits.

Fuyez enfants cette horde sauvage,
Vos sœurs suivront les pas de leurs amants ;
Mères venez vers un brûlant rivage
Sécher vos pleurs loin des lourds allemands,
En attendant notre heure de vengeance ;
De nos vainqueurs, les farouches prussiens,
Notre mépris payera l'arrogance,
En élevant l'âme des Alsaciens.

Autre Pologne, ô malheureuse Alsace !
Nos bras armés te revendiqueront.
Rois et tyrans devant l'épaisse masse
De nos héros un jour abdiqueront.
O soldats morts ! Alsaciens héroïques !
Sur vos tombeaux vos frères exilés,
Viendront alors sur ces saintes reliques,
Orner de fleurs vos restes mutilés.

La Vengeance du Polonais.

Dans la mare fangeuse on voyait un traîneau,
Deux rennes l'emportaient. — Dans leur course rapide
Ils semblaient deviner et pressentaient le vide,
En laissant derrière eux un sillon rempli d'eau.

Sur ce terrain mouvant le traîneau filait vite
Deux cosaques hideux, aux traits brusques, hagards,
Jetaient de tous côtés de féroces regards
En fouillant ardemment l'indescriptible site.

Cette chasse effrénée avait un but affreux,
Un gibier tout humain fuyant la Sibérie,
Son rivage de glace et sa sauvagerie,
Un polonais proscrit, paria malheureux.

De son lacs infernal le cosaque exécrable
Poursuivait sa victime afin de l'enlacer,
Pas un moment propice, il ne put le lancer;
Tout semblait arrêter les mains du misérable.

Le traîneau franchissait le chemin, vacillant ;
Le sol boueux, humide, au ton sombre et grisâtre ;
L'abîme était caché sous la croûte noirâtre
Qui déjà dilatait son cratère béant.

Soudain un coup de feu tue, abat l'un des rennes,
L'autre s'arrête court, il fait un vain effort,
Il s'embourbe, s'enfonce et descend vers la mort,
Entraîné lentement dans les trompeuses plaines.

L'abîme est entr'ouvert. Le voile a disparu.
Les cosaques bientôt vont expier leurs crimes
La boue ensanglantée attire les victimes
Dans le gouffre qui baille et rit d'être apparu....

Du renne on aperçoit l'extrémité des cornes ;
Le traîneau renversé montre ses noirs débris.
Les cosaques affreux poussent d'effrayants cris
Et se perdent bientôt dans les bourbiers sans bornes.

Un long cri sourd s'élève et c'est bien le dernier,
Le râle du mourant.... La fin de l'agonie.
La masse immonde, informe, apparaît aplanie.
Rien ne vient agiter le dessus du bourbier.

L'eau bouillonne et c'est tout, la vengeance est complète.
Le polonais alors s'éloigne de ces lieux,
Il jette, en s'enfuyant, un regard anxieux,
Mais rien ne se soulève et la tombe est muette.

A MA TERRASSE.

———

Pour respirer et rêver tout à l'aise
Belle terrasse, oh ! toi seule me plais !
Tu n'es pourtant pas sur une falaise,
Et tu n'es pas le faîte d'un palais.
D'une villa, non tu n'as pas la grâce,
Ni d'un chalet, le pittoresque attrait ;
Et, cependant là-haut belle terrasse,
Quand on te voit, on te quitte à regret.

De tous côtés l'horizon se déroule,
Toujours nouveau, changeant et coloré.
C'est la campagne, ou la ville, où tout roule,
C'est le silence ou le tapage outré,
C'est ce qu'on veut, enfin suivant la place
On peut tout voir et sans magique apprêt.
Aussi voilà pourquoi belle terrasse
Quand on te voit, on te quitte à regret.

Quand des amis, les chants intarissables
Faisaient vibrer jadis ton zinc luisant ;
Quand de la nuit, les lampes inusables
Formaient sur nous comme un disque imposant.

Quand tout riait. — Le moderne Parnasse
Venait parfois répondre à notre gré :
Ah ! quel bonheur ! Alors belle terrasse
Pour te quitter, c'était bien à regret.

Vrai paradis de l'amitié sincère,
Phare joyeux qui disait aux rêveurs :
Voyez là-haut ce coquet belvédère,
Ce rendez-vous d'amis gais et viveurs.
Lorsque l'aurore offrait sa blanche trace,
Quand le soleil empourpré se montrait,
Pour te quitter alors belle terrasse,
Nous avions tous au cœur quelque regret.

O nid charmant, qu'entoure la verdure,
Un sombre jour obscurcit ton ciel bleu,
Quand la Marphée offrait une bordure
De lourds canons qui vomissaient le feu.
Quand chaque obus, comme dans une glace,
Dans tes vitraux en passant se mirait ;
Je m'écriais de loin belle terrasse :
Ne plus te voir, voilà mon seul regret.

Depuis ce temps, chaque soir quand je hume
L'air tiède ou froid qui s'emplit de parfums ;
En dégustant cigares que je fume
Souvent je pense à mes amis défunts.
Aux souvenirs tristes demandant grâce,
A rimailler si parfois je me mets,
C'est encor toi, belle et chère terrasse
Qui m'inspirant dissipes mes regrets.

Fugitives & Proscrits.

POÉSIE.

Octobre annonce à tous sa course monotone !
    La nature est en pleurs,
A chaque heure qui fuit le trop sévère automne
    Laisse mourir ses fleurs !
Les feuilles dans les airs font un dernier voyage
    Sous l'âpre vent du nord
Rien ne vient égayer l'étrange paysage
    Où tout chante la mort !

Les grands peupliers blancs gémissent sous la brise
    Qui siffle avec fureur
Sur les toits des maisons, sur chaque ardoise grise
    Quels cris ! Quelle terreur !
Sur les tuiles partout des groupes d'hirondelles
    S'assemblent pour partir !
Qui vous chasse déjà, voyageuses fidèles ?
    Craignez-vous de pâtir ?

Vers quelle autre patrie, aux grands jours sans nuages,
    Allez-vous voltiger ?

Vers le sable brûlant des merveilleuses plages,
        Qui sait vous diriger ?
La colonne déjà s'avance à tire d'aile
        Au loin vers l'orient !
On cherche en vain des yeux la dernière hirondelle
        Dans le haut firmament.

Et vous, braves Lorrains, Alsaciens héroïques !
        Travailleurs et conscrits
Comme elles vous fuyez ; mais que d'efforts stoïques,
        Pour se faire proscrits !
Laisser de vieux parents en proie à mille alarmes,
        Fuir au loin sa maison !
Son village où tous ceux qui restent sont en larmes
        Et changer d'horizon !

Fuir mille souvenirs adorés de l'enfance
        Quitter le vieux clocher
Qui semble dire aux cieux: « O prenez la défense
        De ceux qui vont chercher
Une patrie au loin. » Et, fuir le cimetière
        Tout pavé de héros
Où dorment des aïeux ! vieille pléiade altière !
        Que gardent les tombeaux !

Abandonner des sœurs, des amantes qui pleurent !
        Des frères au berceau !
Que les ailes du temps, de tous côtés, effleurent
        Du plus infâme sceau !
O Bitche, Metz, Strasbourg, Thionville, Mulhouse !
        Bénissez ces enfants !

Qui reverront un jour loin de soixante-douze
      Leurs aînés triomphants !

L'hirondelle revient au printemps chaque année
      Retrouver son doux nid
Par elle à son retour la joie est ramenée
      L'hiver sombre est banni !
Comme elle, vous verrez éclore l'espérance !
      Ces magnifiques jours !
Où Dieu donnant la gloire et la paix à la France !
      Vous rendra vos séjours !

O Frères exilés la France vous acclame,
      Ses bras vous sont tendus,
Son grand cœur qui tressaille avec orgueil réclame
      Tous ses enfants perdus !
Accourez nobles fils, saluez la patrie !
      Venez sous son drapeau
Attendre le retour de la saison fleurie
      Et d'un âge plus beau !

Un Train de Prisonniers.

SOUVENIRS.

Les nuages tombaient d'aplomb,
Serrés, gris sur les longues côtes !
Immense couvercle de plomb !
Que bravent les aéronautes !

Tout était triste, morne et froid,
L'oiseau de sa voix inquiète,
En tous sens propageait l'effroi
Sur la terre immense et muette !

Au loin sur les humides rails
Un train roulait comme un tonnerre ;
Etait-il chargé d'attirails,
De sinistres engins de guerre ?

Il déroulait, mais lourdement,
Sa ligne noire à travers plaine,
Son sifflet rauque sourdement
Annonçait une charge pleine.

La locomotive grinçait,
En crachant de noires bouffées,
Sa vapeur partout s'élançait
Comme dans les contes des fées !

Bientôt le train apparaissait
Traversant le pont de Bazeilles ;
C'était un hourra qui croissait
A faire éclater les oreilles !

Zouaves, marins, lignards, turcos,
Chasseurs, tous jetaient dans les nues
Des cris sans fin dont les échos
Electrisaient nos têtes nues !

Dans des wagons à bestiaux,
Entassés, nos soldats avides,
Sur leurs effets nationaux,
Penchaient leurs figures livides.

Parmi ces héros anxieux,
Quelques-uns élevant la taille,
Regardaient d'un air soucieux,
Le pénible champ de bataille !

Sur eux flottaient des oripeaux,
Vieux débris de pantalons rouges,

On eut dit des bouts de drapeaux
Echappés au contact des bouges !

O pauvre armée ! O prisonniers !
On eut dit après un naufrage
Des passagers, des nautoniers
Saluant la mer sans orage !

De la lutte, ô débris humains !
Epaves nobles, palpitantes !
On eut dit qu'ils tendaient leurs mains
Sur nos Ardennes frémissantes !

Ils revenaient, laissant là-bas !
Sous une tombe défleurie,
Des amis, frères de combats !
Qui ne verront plus leur patrie !

Quels souvenirs, dans ce coup d'œil !
Tout fuyait à grande vitesse,
Laissant sur la nature en deuil
Un sombre voile de tristesse !

Jean-Baptiste Trouset,

Caporal au 34ᵐᵉ de Ligne.

POÉSIE.

C'est un nom inconnu, peut-être dans l'armée ;
    Qui sait au régiment,
Ce nom vite oublié sur qui la renommée
    N'a soufflé qu'un moment ?

Qui prononce le nom de ce brave jeune homme
    Qui ne put, stoïcien,
Se voir ainsi livré comme bête de somme
    Au monarque prussien !

Quitter ainsi la vie, infortuné convive,
    En disant : j'en suis las !
Aller chercher la mort quand tout veut que l'on vive
    A vingt-trois ans hélas !

Quand l'homme ne veut pas mourir à son aurore,
　　Quand son âme en tous sens
Aspire ces rayons divins qui font éclore
　　Un bonheur sans encens.

En vain au champ d'honneur ton front cherchait les balles,
　　La mort te repoussait,
Son aveugle courroux aux clameurs sépulcrales,
　　Rien, rien ne t'émoussait !

Car tu voulais mourir pour ne plus voir la France,
　　Ta mère qui saignait
D'une blessure au cœur. — Triste et vaine espérance
　　La mort te dédaignait.

Et, tandis que César détachait son épée
　　De l'indigne fourreau ;
Tandis qu'il terminait sa sanglante équipée,
　　Tu cherchais un tombeau ?

Tandis que le canon taisait sa voix brutale,
　　Tandis que les mourants
Dans l'arène roulaient comme chaque pétale
　　Qu'emportent les torrents !

Tandis que l'agonie, aux mille cris horribles,
　　Enveloppait Sedan.
Tandis qu'au loin le ciel, plein de reflets terribles,
　　Formait un noir turban.

Tu chargeais ton fusil. — La fatale gâchette
  Annonçait ton sommeil,
Aux remparts décrépits où l'ivraie en cachette
  Buvait ton sang vermeil.

Et, maintenant, on voit de petits enfants roses
  Venir en s'ébattant
Déposer sur ta tombe : immortelles et roses,
  Le cœur tout haletant.

Au pied des talus verts que foule le touriste,
  Sous les saules pleureurs,
Sous les drapeaux flottants une colonne triste
  Appelle tous les cœurs !

Si les bruits d'ici-bas allaient vers l'autre monde
  Te rendre plus heureux,
Pour toi nous redirions à l'air, aux cieux, à l'onde,
  Des hymnes glorieux !

De ma Fenêtre.

SONNET.

Le soleil vient de fuir notre pâle atmosphère.
Tout s'assombrit déjà. — Les cieux tristes et noirs
N'ont plus ce dôme bleu, cette superbe sphère
Arrondis et sans fin comme par les beaux soirs.

De ma fenêtre, hélas ! rien ne vient satisfaire
Mon regard attristé, rêveur, inquiété.
J'entends seul le marteau du maréchal qui ferre,
Mais pas un chant d'oiseau par l'écho répété.

La nuit traîne à grands pas son plus sinistre voile.
Dans l'horizon brumeux Torcy baigne ses toits.
La Marphée offre au loin ses côtes et ses bois.

L'heure fuit lentement et l'ennui se dévoile
Lourdement dans mon cœur. — Je tire mes rideaux
Et vais pour me distraire admirer les badauds.

Sedan en Automne.

Que nous aimons l'automne et ses demi-soirées,
Pour parcourir Sedan de faubourg en faubourg ;
Pour fouiller, en tout sens, ses ruelles serrées,
Quand le ciel d'un gris sombre offre un horizon lourd.

Le pavé des trottoirs, humecté par la brume,
Résonne sourdement sous les pas des passants.
Des flaneurs renfrognés feignent d'avoir le rhume ;
Chacun parle et discute. — O quels propos plaisants !

Des fenêtres partout, les lumières projettent
De longs rayons traînants sur les murs des maisons.
Les étoiles encor dans leurs foyers végètent
Et semblent retarder les trop longues saisons.

Les fabriques toujours tremblent : tout marche et tourne,
C'est un bourdonnement aux accords infinis.
Tout est bruyant, sonore et chacun se retourne
Pour entendre vibrer les métiers réunis.

La ville s'illumine, et tous les reverbères
Brillent magiquement de quartier en quartier.
Ses places, ses faubourgs et leurs grandes artères;
Tout s'éclaire soudain chez chaque boutiquier.

C'est la vie et l'entrain. -- La foule disparate
Se presse pittoresque ; — ô belle fusion !
Des flaneurs, vrais fumeurs, sans se fouler la rate
Se livrent mollement à leur illusion.

Des groupes d'ouvriers emplissant chaque rue ;
L'heure de liberté vient de sonner pour eux.
Quelle animation dans cette foule accrue,
Partout on voit filer d'empressés amoureux.

Sur les trottoirs glissants de jeunes ouvrières
Apparaissent partout, fuyant leurs ateliers.
Leur charme, leur gaîté, leurs pimpantes manières
Leur attirent parfois de galants cavaliers.

Les joyeux apprentis, vrais titis pleins de charmes,
Fredonnent quelques airs entraînants et connus.
Sur la place Turenne et sur la place d'Armes
On croirait voir la joie et l'entrain revenus.

Qu'on est heureux alors en fumant son cigare
De traverser partout, sans pensée et sans but,
Un monde aussi vivant, aussi gai, sans bagarre,
Quand chacun au travail a payé son tribut.

Si nous n'entendions pas toujours un bruit de bottes,
Comme dans les Brigands, nous nous croirions sauvés ;
Mais ça n'en finit pas. O pavé tu rabotes
Tant de talons par jour, que cela sent mauvais.

Pour un lourd misanthrope, un rêveur par trop sombre,
Sedan ne saurait plaire avec tous ses accents,
Surtout quand vient le soir où surgissent dans l'ombre
Des tableaux sans pareils, des types agaçants.

Mais nous pour qui la lie a fui loin du calice,
Nous qui rêvons parfois, souriant à moitié,
Nous qui voyons encor la vie avec délice,
Nous donnons à Sedan toute notre amitié.

A nos Frères d'Alsace & Lorraine.

A LA TAVERNE ALSACIENNE.

CHANSON.

Musique de Lucien Pierrard.

Frères amis, que Cambrinus admire,
Du Valhalla des vrais buveurs flamands,
Dans cette bière au joli point de mire,
Que tous vos yeux brillent en diamants.
Dans ce nectar tout revit, et l'Alsace
Semble nous dire, ah ! ne m'oubliez pas ;
Jamais la Prusse au fond de sa besace
Pour me jeter ne verra mon trépas.

    Allons amis, venez, accourez tous
    A la Taverne Alsacienne,
    Et que chaque vrai buveur vienne
    Au son de nos joyeux gouglous !

Sympathisons, donnons à la Patrie
Ce noble exemple où s'unissent les cœurs,
Où tout Sedan, notre cité meurtrie,
Souffle mépris aux fronts de nos vainqueurs.

Buvons amis à notre belle France,
A son drapeau qu'orneront nos succès,
Pour devancer nos jours de délivrance
Ne laissons pas mourir l'esprit français.

Enivre-nous, ô boisson délectable,
Belle topaze aux superbes couleurs,
Que les rayons brillent sur chaque table
Et chassent loin la tristesse et les pleurs.
Versez ô Kern ! devant nos yeux avides
Cette ambroisie aux reflets sans pareils,
Que dans vos mains nos verres toujours vides
Soient transformés en radieux soleil.

Noble Strasbourg, que ta fille nous donne :
Pour te venger la foi dans l'avenir ;
Que ses baisers dont notre âme rayonne,
Gardent en nous le feu du souvenir !
Buvons, amis, ses larmes symboliques !
Que notre cœur en soit comme allaité,
Et qu'aux accents des chants patriotiques.
Nous lui fassions des jours de liberté !

Joyeux amis, que ces couplets sincères
Viennent longtemps sceller notre amitié ;
Rions, chantons, oublions nos misères,
De nos vainqueurs repoussons la pitié :
Portons un toast à notre République !
Qui malgré tout vivra pour nous sauver.
En dépouillant le drapeau germanique
De deux fleurons qu'il ne doit conserver.

Réponse a mon ami Augustin Pollet.

Quand le superbe automne, en amoureux frivole,
Étale ses bijoux, ses raisins éclatants ;
De Bacchus à Silène un vrai chansonnier vole,
Le cœur baigné de vin chanter ses joyeux chants.

Votre coupe m'enivre et mon cœur un peu sombre
Semble se ranimer d'un feu presque nouveau.
La tristesse et l'ennui viennent de fuir dans l'ombre
Amis ! je suis sauvé par l'esprit du caveau.

Vous seul, m'avez guéri de la mélancolie :
Vive le vin superbe aux globules dorés ;
Votre coupe déjà m'entraîne à la folie,
Et me fait entrevoir des moments adorés.

Envoi de ma Binette photographiée.

SONNET.

S'il reste en votre album un coin inoccupé,
Veuillez, cher Augustin, y placer ma binette ;
Peut-être après deux ans, votre regard trompé
N'y rencontrera plus ma gaîté franche et nette.

J'eusse voulu sourire et paraître joyeux,
En songeant aux attraits de certaine brunette,
Quand l'artiste bouillant, déjà devant mes yeux,
Sans gêne, avait braqué sa fatale lorgnette !

Son brutal objectif m'a croqué sans raison,
A poser franchement je fus bien pris en traître.
Moins triste et moins rêveur j'eusse voulu paraître.

L'avenir chassera cette contrefaçon
Quand pour la liberté notre lyre gauloise,
Par ses joyeux accords, ne cherchera plus noise.

A mon ami Germain P.

SONNET.

J'ai reçu ce matin la carte de visite,
Ce gage d'amitié, cet échange charmant !
Aussi, mon cher Germain, sans perdre un seul instant,
Par ce pauvre sonnet, j'y réponds au plus vite.

Je suis bien peu poète et n'ai pas le mérite
De charmer par mes vers ; je ne suis qu'un rieur,
Un chansonnier en herbe, un joyeux rimailleur
Qui voudrait bien te voir auprès de sa guérite ;

Mais pour monter la garde avec un bon vieux vin,
Un Champagne mousseux, un moëlleux chambertin ;
Et puis dois-je le dire.... auprès d'une fillette !

Mais il viendra ce jour, ne te désoles pas ;
Ce jour où nous pourrons suivre le même pas
Et redire aux amis un brin de chansonnette !

1 Janvier 1870.

Son Portrait.

SONNET.

Dans une belle boîte à glace intérieure,
Boîte où sont renfermés mes trésors les plus doux :
Lettres de mes amis, billets de rendez-vous ;
Son portrait m'apparait. — Mon haleine l'effleure.

Il me semble la voir encor dans sa demeure :
Lorsque assis auprès d'elle et frôlant ses genoux,
Je l'entraînai vers moi. — Je sentis ses bijoux
Appuyés sur mon sein. — Elle dit tout-à-l'heure !

O minute trop courte ! Instants délicieux !
Reviendrez-vous un jour nous réunir encore ?
Et reverrai-je enfin la belle que j'adore ?

Son portrait, je le tiens, il est là sous mes yeux ;
Son seul gage d'amour, son image fidèle,
Mais en le lui rendant lui ressemblera-t-elle ?

'A l'Amateur d'Oiseaux.

Cruel barbare ! ouvre la porte
A l'oiseau tenu sous tes fers.
Il est né pour franchir les airs
Avec la liberté qu'il porte.

Pourquoi le tenir enfermé,
De qui tiens-tu ce droit infâme ?
Vraiment tu me parais sans âme
N'aurais-tu donc jamais aimé ?

Cet oiseau n'est pas sans famille,
Ses petits sont impatients.
A-t-il mérité ces tourments ;
Pourquoi l'enfermer sous la grille ?

Rends libre ce charmant bouvreuil
Que ta main dure et meurtrière
A jeté dans une volière,
Pour satisfaire ton orgueil.

Rends un chanteur à la nature,
Un mélomane aux bois épais ;
Où le poète vient en paix
Rimer sous la tendre verdure.

Toi qui chantes la liberté
Comme une source de richesse.
Toi qui la demandes sans cesse
En connais-tu la vérité ?

Tu n'aperçois pas les entraves
Qui retiennent un frêle oiseau.
Tu ne vois rien, ô toi bourreau,
O toi qui plains tous les esclaves.

Tu ris.... et ce sourire impur
Est pour nous mille fois pénible.
Être inhumain ! Être insensible !
Ton cœur est-il donc aussi dur ?

Bluette.

Ils avaient vingt ans !

Ils avaient vingt ans : l'âge où l'on s'adore,
L'âge où tout sourit aux vrais amoureux ;
Moments où jamais nuage ombrageux
Ne vient obscurcir ce que l'amour dore.

Juin semait ses fleurs à profusion.
L'air était rempli de parfums suaves.
Loin de vieux parents, austères et graves,
Ils étaient partis sans permission.

A l'ombre d'un saule au tronc séculaire,
Au pied que la mousse a verdi partout ;
L'amant et sa belle avaient, avec goût,
Choisi pour s'asseoir ce coin solitaire.

L'oiseau saluait par ses chants rêveurs
L'approche du soir. La belle adorée
Ne quittait des yeux la voûte éthérée,
L'horizon brillant de douces lueurs.

L'amour déguisé volait autour d'eux,
Jetant dans leur cœur la flamme secrète,
Flamme qui sait vaincre et que rien n'arrête ;
Charmes sans pareils qui font des heureux.

L'amant déposait sur la bouche rose
De la belle brune un baiser brûlant.
Ses lèvres de feu dans ce doux élan
S'épanouissaient tout comme une rose.

Ce baiser fut long et fut savouré
Comme un doux parfum, car la nuit sereine
Attachait au ciel ses bijoux de reine
Que le couple heureux n'était pas rentré.

Vers minuit sonnant, deux timides ombres
Fuyaient en silence en sylphes légers.
Puis tout disparut dans les grands vergers,
Qui partout offraient leurs repaires sombres.

Un long mois après, au pied d'un autel,
Un prêtre scellait leur belle alliance :
Vingt printemps, amour, bonheur, espérance,
Tels étaient les mots tracés au pastel.

Mais ont-ils revu le saule complice,
L'arbre qui cacha leurs jeunes amours ?
On dit que l'été, durant les beaux jours,
Le vieux saule fut toujours leur caprice !

Le Pont que j'aime.

Le pont que j'aime est loin des fleuves,
Loin des torrents impétueux ;
Il est beau, simple et gracieux,
Il n'est pas fait en pierres neuves
Et n'a rien de majestueux.

En tous sens il est pittoresque,
Il repose sur des rochers ;
Il est fait d'arbres arrachés
Que l'eau des ruisseaux mouille presque
De ses flots verts et panachés.

Le pont que j'aime est fait de branches,
La mousse lui tient lieu de grès ;
Comme trottoirs de longs bouquets
Mélangent leurs corolles blanches
A l'or séduisant des genêts.

Les bois de leurs parfums sauvages,
Les cascatelles des ruisseaux
Attirent les joyeux oiseaux
Qui viennent charmer ses parages
Où l'amour frôle les roseaux.

Le pont que j'aime est loin du monde,
Loin de ses enivrants ébats ;

6

Le repos vous y tend les bras,
C'est un mystère où rien d'immonde
N'arrive des bruits d'ici-bas.

Sous le délicieux ombrage,
Parfois un rayon de soleil
Inonde d'un éclat vermeil
Ce cher tableau, divin mirage,
Au coup d'œil vraiment sans pareil.

Au pont que j'aime quand arrive
Chaque soir, le vieux bûcheron
Se baigne les mains et le front
Dans l'eau qui vient lécher la rive,
Où danse le gai moucheron.

C'est une halte où chaque lyre
Vient chercher des accords nouveaux,
Quand au loin chantent les échos
Et que l'âme, comme un navire,
Se berce dans le bruit des eaux.

Le pont que j'aime a vu la guerre
Traîner son cortége sanglant.
De près le bronze étincelant
L'ébranla comme le tonnerre
Quand il frappe le chêne en flanc.

Il a bravé : canons, mitraille,
Feu, plomb et fer. — Il est resté
Pour nous redire chaque été
Les tourmentes de la bataille
Auxquelles il a résisté.

Adieux au Monde.

Adieu monde où je ne puis plaire,
Je te fuis pour l'éternité.
Mon printemps portait un rosaire,
Et déjà pâlit mon été.
A trente ans, hélas! on est vieille,
Sans une dot, ah! c'est affreux;
Dans ce siècle où l'or fait merveille,
Où lui seul peut nous rendre heureux.

Je vais prendre le voile,
Fuir ce monde où le malheur
Fut toujours ma seule étoile
De peine et de douleur !

La fortune, à mon cœur, rebelle
Trop tôt vint à me délaisser.
A vingt ans, encor riche et belle,
On me recherchait pour danser.
Mais après ce revers terrible,
Danseurs, bals brillants, tout s'enfuit
Me laissant dans un vide horrible,
Où le jour fait peur à la nuit.

Depuis, j'ai vu des fiancées,
Belles, rayonnantes d'amour ;
L'hymen les avait enlacées
De ses plus gracieux atours.
Près de ces heureuses du monde
J'ai compris le doux nom d'époux ;
Et ma solitude profonde
A rendu mon esprit jaloux.

Au lieu de roses, de dentelles,
Du cloître j'entrevois l'horreur !
De ses angoisses immortelles
Je sens déjà glacer mon cœur.
Adieu monde où je ne puis vivre,
Toi qui de plaisirs est rempli,
Je te fuis. — La mort doit me suivre
Et m'ensevelir dans l'oubli.

Boutade Noctambulesque.

———

Douze coups répétés annoncent à la ville
    L'heure où tout bon rentier
Se réveille en sursaut et d'une main fébrile
    Palpe son oreiller.
L'heure où tous les matous courent après les chattes ;
    L'heure où les oiseaux noirs,
Aux voûtes des châteaux, suspendus par leurs pattes
    Font gémir les manoirs.
L'heure enfin des plaisirs, des crimes, du mystère
    Et des louches travaux ;
L'heure où Morphée heureux penche un peu vers la terre
    Ses enivrants pavots.

Le brouillard comme à Londre obscurcit chaque rue,
    Où de rares passants
Reviennent tout rêveurs d'une chasse à la grue ;
    Leurs pas sourds et pesants
Réveillent les échos des plus vieilles masures,
    Quand tout à coup un son,
Des accents, des accords, des voix belles et pures
    Ebranlent la prison.

Tout brille, s'illumine, étincelle et rayonne.
    A travers les barreaux
La liberté sourit. — Elle qu'on y bâillonne
    Là-haut vient aux carreaux
Se mêler à la fête ; et les violons sonores
    Commandent les polkas.
Des belles font claquer leurs jolis osanores
    En riant aux éclats.
Non, ce n'est pas un rêve ! et c'est bien en caruche
    Que vient rire l'amour ;
Une bouteille en main à côté d'une cruche
    Où l'eau fait trop séjour,
A côté d'une chaîne et de verrous énormes
    Que la rouille connaît.
Allons donc ! prisonnier, il faut que tu t'endormes
    Sous ton triste bonnet.
Pour toi ces cris de joie ont des accents sauvages,
    Comme les flots houleux
Que l'Océan rejette au loin vers les rivages
    Par les vents orageux.
Dans le préau vibrant des douces chansonnettes,
    O contraste frappant :
Là, soucis et chagrins ; ici, joie, amourettes,
    Poëme palpitant.
Là, remords, fiel et peine ; ici, bonheur, champagne.
    Là, dégoûts et regrets ;
Ici, sublime espoir, ivresse qui se gagne,
    Magnifiques apprêts.
Et danse échevelée aux ombres fantastiques
    Qui courent sur les murs ;
Comme dans ces tableaux des lanternes magiques
    Aux longs reflets obscurs.
Là, Tentale se meurt ; ici, Bacchus regorge.

Dans la même maison :
Une voix parle amour ! L'autre dit de la gorge :
Suis-je bien en prison ?

Le brouillard s'épaissit et chaque reverbère
A des reflets douteux.
Tout se ternit en bas ! La loge du cerbère
S'éteint devant nos yeux.

SANS PATRIE.

Le serpent mord le sein qui le réchauffe.
LAFONTAINE.

———

Il est de ces gens sans patrie
Qu'hier encor nous voyions nus,
Cachant leur guenille flétrie,
Lançant des propos saugrenus.

En s'accrochant partout aux branches,
Comme le crabe à son rocher ;
Courbant piteusement les hanches ;
Au grand soleil n'osant marcher.

Nains repoussants, hardis pygmées
S'attachant collés aux talons ;
Grouillant dans le sang des armées ;
Courant des bouges aux salons.

Grâce à l'art fantasmagorique,
Caméléons en un clin d'œil,
Menant de front en politique :
Le tambour, la caisse et le deuil.

Judas, Janus à l'air étrange ;
Tantôt monstres, faquins, titans,
Tantôt se roulant dans la fange
En parasites dégoûtants.

Mis en avant ces faux sectaires,
Ces pantins que l'on fait danser,
Ces lâches et vils réfractaires
Osent à peine s'avancer.

Dans l'ombre d'un affreux cloaque
Où se distillent leurs poisons ;
Ces parias nés pour la claque
Deviennent bientôt histrions.

Grotesques, mouchards, saltimbanques,
Hommes à tout faire hors le bien ;
Fouillant consciences et banques,
Ne faisant jamais rien pour rien.

Car ces goinfres dont rien n'endigue
L'appétit vorace et glouton,
Dans l'or volé qu'on leur prodigue
Se vautrent tous jusqu'au menton.

Ces pieuvres aux rudes bouches,
Qui sucent depuis si longtemps,
Ces monstres aux regards farouches
N'ont pas assez joui. — Vingt ans !

O pauvre France, les mamelles
Que gonfle un lait trop généreux,

Longtemps encor serviront-elles
A nourrir ces infâmes gueux ?

Ces vautours, aux sanglantes serres,
Qui te déchireront le sein,
En te forçant comme naguères
A reconnaître un assassin.

O France refoule aux ordures,
Ces étrangers baisant les mains
Pour mieux vomir leurs mille injures
Sur tes fils, les républicains !

Le 8 Mai.

———

Huit mai ! date à jamais fatale,
Cause inique de notre sort.
Pour plaire à l'hydre impériale
Les Français ont voté leur mort.
Date à jamais ineffaçable,
Crime abominable, effrayant,
O jour affreux, jour exécrable !
Que l'histoire inscrive en pleurant
Ton nom en lettres de sang !

O plébiscite. — O comédie !
Que l'Europe a vue établir,
Tu tombas par la tragédie
Qui vit la France s'engloutir.
Dans les mains d'un César ignoble
Tu creusas ce gouffre béant
Où gémit un grand peuple noble....
Que l'histoire inscrive en pleurant
Ton nom en lettres de sang !

Quand le sabreur du deux décembre
Voulant cacher les noirs forfaits,
Qu'on lui reprochait à la chambre ;
Nous dit : l'empire c'est la paix !
Des millions de voix accueillirent
Les paroles de ce tyran ;
Et le huit mai le réélirent.
Que l'histoire inscrive en pleurant
Son nom en lettres de sang !

Faisant flotter le drapeau rouge
Devant les regards égarés ;
La terreur de son hideux bouge
Epouvanta les modérés.
Et l'aigle superbe, sublime
S'envola de son char brillant.
Le huit mai l'aida dans son crime.
Que l'histoire inscrive en pleurant
Son nom en lettres de sang !

De ce jour un an nous sépare :
Triste anniversaire à citer.
La Prusse, dans sa main barbare,
Attend qu'on puisse lui compter
Les cinq milliards qu'elle réclame.
Voici l'œuvre encor tout sanglant,
L'effet du plébiscite infâme.
Que l'histoire inscrive en pleurant
Son nom en lettres de sang !

LE FOURBIS.

Auri sacra fames !

———

I

Quel est ce vilain mot qui froisse l'épiglotte
    De tout bon commerçant ?
Et fait gémir parfois le savant polyglotte
    Qui se tourne le sang
A chercher la racine et l'onomatopée
    De ce fils du hasard
Que l'on vit à Sedan sur la fameuse épée
    Du tout petit César.
L'a-t-on vu sortir des carrières d'Amérique ?
    Du bagne au noir guépier ?
De l'atelier ? du cloître à l'esprit chimérique ?
    Du bouge ou du quartier ?
Quelle famille enfin roturière et vassale,
    O Larousse, dis nous ?
Possède cet argot, supporte ce nom sale
    Qu'on bave à nos genoux !
Vient-il du mot fourber qui créa fourberie ?
    Nous le croyons du moins.
Ce mot couvert de fange avec la hâblerie,
    S'unit devant témoins;
Quand l'empire entrainait, dans sa chûte traitresse,
    Le pays dérouté.

Quand la France meurtrie annonçait sa détresse,
  Au monde épouvanté !

II

Pendant soixante-dix et durant soixante-onze,
  Quand la mort à pleins bras
Fauchait nos bataillons, quand le sonore bronze,
  De son cruel fracas,
Epouvantait les cieux: quand mille cris sinistres
  Répandaient la terreur;
Quand les fils de Blucher, ces blonds rêveurs, ces cuistres
  Promenaient, pleins d'horreur,
Leurs drapeaux tout sanglants à travers nos provinces.
  Quand le reître Wuilhem
Se montrait glorieux, dans sa meute de princes,
  Plus roide qu'un Sachem.
Devant ce noir tableau, surgissait tout farouche,
  On ne savait pourquoi,
Ce mot, ce mot hideux, passant de bouche en bouche,
  Et chacun restait coi.
Ainsi l'on voit souvent quand la foule s'amasse
  Des types inconnus,
D'avides déterrés s'élançant dans la masse
  La tête et les pieds nus.
Dans la terrible émeute, au seuil du cataclysme,
  Quand lois, justice et droits
Sont des mots que la force, au sanglant despotisme,
  Etouffe dans ses doigts.
Quand règne le désordre avec la gabegie,
  Ainsi l'on voit surgir
D'ignobles passions au milieu de l'orgie
  Où tout semble rugir.

III

Le fourbis est ce vaste et dégoûtant pillage,
    Ce vol organisé.
C'est la main qui grapille avec dévergondage
    Dans un coffre brisé :
C'est cette horrible soif de l'or qui développe,
    Presque timidement,
Les commerces sans nom, le métier interlope
    Qui se font sourdement ;
C'est vendre à nos soldats le pain trois francs la livre,
    Quand ils meurent de faim :
C'est gagner cent pour cent en signant au grand livre,
    Pour acquit : Aigrefin ;
C'est faire en usuriers des négoces infâmes
    Avec tous les pillards ;
Derrière l'allemand, dans les sinistres flammes,
    Près des capitulards.
C'est fouiller sans pudeur le terrain des batailles,
    Au milieu des blessés ;
En furetant, glanant jusque dans leurs entrailles
    Des objets délaissés.
C'est ramper, monstres vils, sous de fumantes pierres,
    En reptiles hideux ;
Quand Bazeilles, Balan, Chateaudun et Mézières
    Sont de terribles feux.
C'est suivre l'ennemi dans sa marche fatale
    Pour lui vendre à poids d'or
Les vivres que n'a pas la brave capitale
    Qui lutte et ne s'endort ;
Pour gagner des thalers, c'est dire à sa patrie
    Je ne suis plus ton fils,

A moi : trésors, fortune, à moi France appauvrie,
    Lucre, gains et profits ;
A moi, dit cette voix avinée et fébrile
    Le luxe des festins ;
A moi, richesse, à moi, tout ce qui sonne et brille
    Dans les sanglants butins.

IV

Enfin piller, voler, profiter des désastres
    Pour gaspiller partout ;
Quand brillent le soleil et les nocturnes astres,
    Dire : j'ai droit sur tout.
Être les Thénardiers d'un Waterloo deuxième.
    Vendre des chassepots.
Faire des virements en gagnant un dixième.
    Vider nos entrepôts.
Faire une gratte énorme et visible, sans gêne,
    En marchant à pieds joints
Sur l'honneur, ce grand mot qu'une langue indigène
    Divise en mille joints.
Avoir la conscience un peu trop élastique,
    Et les doigts entachés,
En rançonnant la France, en pleine République,
    Par d'ignobles marchés.
Copier hardiment tous les trucs de l'empire,
    Et dans le cœur sanglant
De la patrie en deuil aller, comme un vampire,
    Se vautrer dégoûtant.
Oui voilà le fourbis ! Et là-haut notre histoire
    Crie aux gens mal famés,
En rougissant pour eux, d'ouvrir son écritoire :
    Auri sacra fames !

L'Hymne de l'Avenir.

POÉSIE.

I

Fuyez règnes sanglants ! pénible arrière-garde,
Fuyez siècles pourris ! noble France regarde,
Admire à l'horizon ton spendide réveil.
Tout vit, brille et s'anime, — immense symphonie,
    Où ton indomptable génie,
Au superbe avenir, semble donner l'éveil.
Ta liberté surgit. — L'Europe languissante
    A ta robe resplendissante
    Ne peut mettre un joug sans pareil.

La guerrière Allemagne a pu dans sa victoire
(Si c'est le mot du moins que donnera l'histoire).
Nous prendre sans frémir deux sœurs et cinq milliards !
Gédides ! fils des Huns ! vos enfants et vos femmes
    Vous ont suivis ; . . . .
. . . .
Vous êtes tous venus voir la France meurtrie.
    Mais notre immortelle patrie
    N'est pas faite pour des soudards.

II

On emporte : canons, fusils, sabres, pendules
Sur des chemins de fer. Mais allemands crédules
Qui rêviez la ruine ; ô Wilhem ! ô Bismarck !
Le commerce français, sa brillante industrie
   Valent bien de l'artillerie !
Vous qui vîtes de près la cité des La Marck ;
O sachez que la France a pour sécher ses larmes
   D'autres richesses ; d'autres armes
   Que Krüpp et son immense parc.

La France est immortelle ! Elle est jeune et virile !
Malgré sa longue histoire, est-elle donc stérile
Sous cette âme de feu dont les moindres rayons
Electrisent la terre ? O Paris ! capitale
   Des peuples, tu vivras, ton râle
A duré de longs mois et déjà nous voyons
Ta splendeur qui renaît ! O France toujours vierge
   Répand de ton sublime cierge :
   Paix, bonheur, justice, unions !

III

Un peuple ne meurt pas quand dans chaque bataille
Il fournit des héros que fauche la mitraille ;
Quand malgré ses revers, ses effrayants combats
Il a des fils encor pour braver sa défaite.
   O non ! France tu n'es pas faite
Pour mourir ! — Ton grand nom que l'on a mis si bas
S'élève vers les cieux y retrouve sa place,
   Sous les yeux de la Prusse lasse
   De lauriers, de sanglants ébats.

Tant qu'un souffle divin animera les mondes
Harmonieusement dans leurs routes profondes,
Tant qu'aux cieux brillera notre pâle univers
Tu vivras noble France ! et jamais en partage
　　　Des vampires comme à Carthage
Ne suceront ton sang, car des yeux sont ouverts
Sur ton cœur, ce grand phare où les peuples se mirent,
　　　Où tous les esclaves admirent
　　　Des mots qu'ils n'ont pas découverts.

IV

Peut-on chasser du monde et rayer de la terre
Un pays plein de vie. — O rayonnant cratère
Qui lance au loin, propage et vomit dans les airs
Progrès et libertés ! — Tyr, Bysance, Sodome,
　　　Gomorrhe sous l'éclatant dôme
On vous a vus crouler ; et d'immenses déserts
Sur vos rayons de gloire ont répandu leurs sables.
　　　La France à vos noms méprisables
　　　Ne joindra le sien plein d'éclairs.

Quels que soient les partis hideux qui la convoitent,
Les fils dénaturés qui sans pudeur l'exploitent ;
Quels que soient ces Néron dont les sanglantes mains
Veulent la déchirer. — Tyrans, lâches et traîtres,
　　　Arrière ! elle a trop eu de maîtres !
Assez, elle connaît l'histoire des Romains ;
Assez, vous dit sa voix : « J'ai le peuple pour trône,
　　　« Et son bras qui menace et tonne
　　　« Brisera les sceptres germains,

V

« Car ce peuple je l'aime ; et dans ses mains calleuses
« Brillera l'avenir. — Les races orgueilleuses
« Dans leur chute verront son triomphe béni.
« Les despotes errant par d'ignobles méandres,
    « Au milieu des monceaux de cendres,
« Entendront tous crier : Votre règne est fini !
« Le juste sans mépris, sans vengeance, sans haine,
    « Loin de la fatale géhenne,
    « Devant Dieu ne sera banni. »

Tombe intérêt sordide, exécrable égoïsme,
Toi qui soutins l'empire en glaçant l'héroïsme,
Les hauts faits, le devoir. — Toi qui soutins vingt ans
Le parjure et le crime, oui tombe ulcère immonde.
    Et la France sur le vieux monde
Semera ses vertus plus fortes que le temps.
Devant elles l'Europe asservie et caduque,
    Repoussera son vil eunuque,
    L'esclavage aux doigts irritants.

TABLE.

—◦◦⦂⦿⦂◦◦—

Sedan. — Imprimerie de Jules LAROCHE, Grande Rue, N° 2.

SEDAN.—IMPRIMERIE JULES LAROCHE, GRANDE RUE, 22

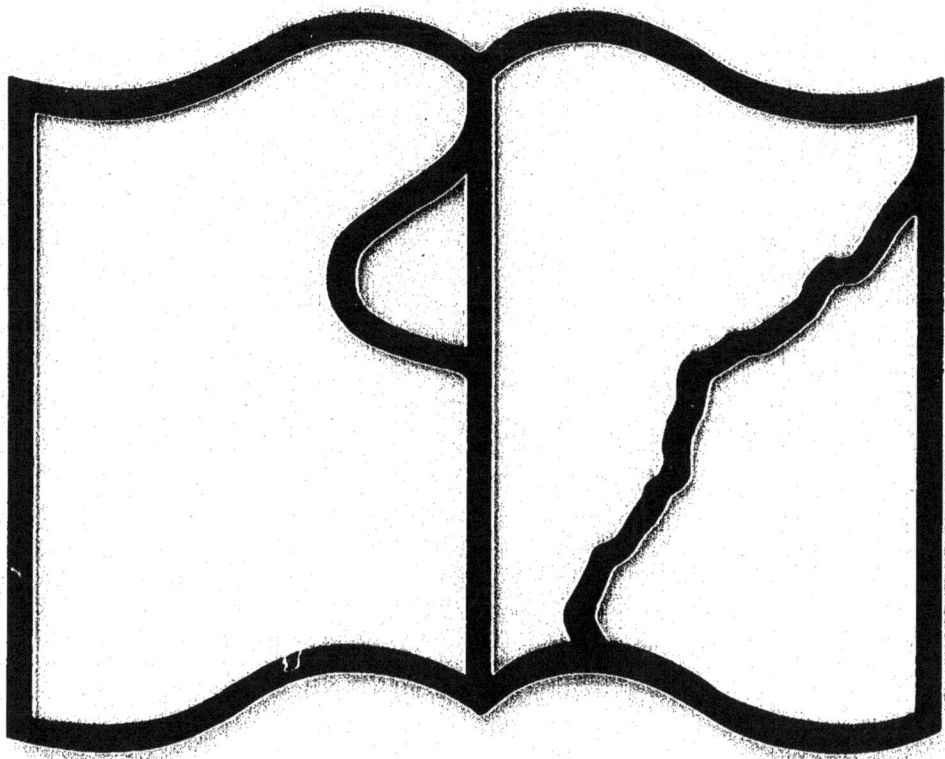

Texte détérioré — reliure défectueuse

NF Z 43-120-11

Contraste insuffisant

www.ingramcontent.com/pod-product-compliance
Lightning Source LLC
Chambersburg PA
CBHW060630100426
42744CB00008B/1573